Petits déj' supervitaminés

Coralie Ferreira

Petits déj' supervitaminés

Photographies : Virginie Garnier

Stylisme : Coralie Ferreira

hachette
CUISINE

Sommaire

Introduction

La meilleure façon de commencer une journée passe par là : un super petit déjeuner nourrissant et dopé en vitamines.
Pour maximiser son apport, on mise tout sur un petit déjeuner 100 % fait maison, riche en fruits frais (et en légumes pour des versions salées, les smoothies ou les jus) et en super-aliments pour booster l'ensemble.
Que vous ayez 5 min ou 1 h de temps à accorder à votre petit déjeuner, vous trouverez forcément votre bonheur dans l'un de nos deux chapitres.
Matins pressés pour faire le plein d'énergie rapidement : porridge minute, smoothie complet, chia pudding, avocado toast, etc. prêt en quelques minutes seulement.
Matins douillets pour profiter d'un premier repas qui prend davantage de temps à préparer : granola, banana bread, power bowl au quinoa, compotes, green smoothie bowl, etc. sans qu'une barrière ne soit vraiment posée entre l'un et l'autre des chapitres si vous souhaitez, par exemple, organiser un super brunch frais et coloré avec un assortiment de recettes de tout le livre.
Pensez aussi à prendre un peu de temps, en soirée ou en week-end, pour préparer les recettes les plus longues (et qui se conservent bien) pour le reste de la semaine : muesli, granola, barres énergétiques, banana bread, etc. Vous pourrez ainsi profiter de petits déjeuners vitaminés sur plusieurs jours !
Bonne journée !

Crème Budwig
vegan

Pour : 1 personne • Préparation : 10 min

Les Ingrédients

Kaki ... ½
Poire Comice ... ¼
Myrtilles ... 1 cuil. à soupe
Yaourt au soja ... 4 cuil. à café
Huile de noix ... 1 cuil. à café
Banane mûre ... 1
Citron ... ½
Noix moulues ... 2 cuil. à café
Riz complet cru et moulu ... 2 cuil. à café

La Recette

1. Lavez les fruits, épluchez le kaki et la poire et coupez-les en petits morceaux.

2. Fouettez le yaourt avec l'huile de noix pendant 2 min.

3. Écrasez la banane et mélangez-la avec le jus de citron, les noix et le riz moulus. Ajoutez au yaourt au soja, mélangez et servez avec les fruits.

Conseils

Variez les fruits au fil des saisons, évitez les agrumes trop acides pour le matin. Vous pouvez remplacer les noix par des graines (lin, courge, sésame) ou d'autres fruits oléagineux (amandes, noisettes, pignons...) et le riz complet par du sarrasin, de l'orge, de l'avoine ou du millet.

Miam-ô-fruits

Pour : 1 personne • Préparation : 10 min

Les Ingrédients

Banane .... ½
Fruits (3 variétés différentes, ici :
fraise, framboise, pêche blanche)............ 180 g
Graines de lin broyées .... 1 cuil. à soupe rase
Graines de sésame broyées.... 1 cuil. à soupe rase
Graines et noix mélangées broyées
(ici amande, noisette, courge
en proportions égales)........... 1 cuil. à soupe rase
Jus de citron (environ ½ citron)........2 cuil. à café
Huile de colza............................... 2 cuil. à soupe

Conseil

Préparez les graines broyées à l'avance en plus grande quantité, et conservez-les dans des pots en verre (à confiture) hermétique.
Vous pouvez changer les fruits au fil des saisons, évitez les agrumes (orange, clémentine, pamplemousse...), le melon et la pastèque.

La Recette

1. Écrasez la banane avec une fourchette et fouettez-la avec l'huile de colza. Ajoutez-y les graines et les noix broyées, et le jus de citron. Mélangez bien et réservez.

2. Lavez les fruits, épluchez-les, dénoyautez-les et équeutez-les si besoin. Recoupez les plus gros en petits morceaux.

3. Déposez les fruits dans un grand bol, versez la première préparation dessus et mélangez. Dégustez aussitôt.

Smoothie complet flocons d'avoine, chia et framboises

Pour : 1 grand verre • Préparation : 5 min
Matériel : mixeur/blender

Les Ingrédients

Flocons d'avoine.......................... 3 cuil. à soupe
Framboises...125 g
Banane 1
Citron jaune 1
Graines de chia............................ 1 cuil. à soupe
Sirop d'agave.................................1 cuil. à café
Yaourt de soja .... 20 cl

La Recette

1. Déposez les flocons d'avoine dans le bol du blender avec le yaourt.

2. Rincez les framboises, épluchez la banane et coupez-la en morceaux. Déposez-les dans le bol du blender avec le jus du citron, les graines de chia et le sirop d'agave.

3. Mixez pendant 3 min jusqu'à ce que vous obteniez une texture lisse, ajoutez de l'eau pour délayer un petit peu. Dégustez aussitôt.

Smoothie complet flocons de quinoa, chanvre et mangue

Pour : 1 grand verre • Préparation : 5 min
Matériel : mixeur/blender

Les Ingrédients

Flocons de quinoa........................ 3 cuil. à soupe
Yaourt grec.. 20 cl
Mangue...1
Citron vert...1
Graines de chanvre concassées...... 1 cuil. à soupe
Sucre de coco.................................1 cuil. à café

La Recette

1. Déposez les flocons de quinoa dans le bol du blender avec le yaourt.

2. Épluchez la mangue, prélevez la chair et déposez-la dans le bol du blender avec le jus du citron vert, les graines de chanvre et le sucre de coco.

3. Mixez pendant 3 min jusqu'à ce que vous obteniez une texture lisse, ajoutez de l'eau pour délayer un petit peu. Dégustez aussitôt.

Smoothie poire, épinards et lait d'amande

Pour : 1 grand verre • Préparation : 5 min
Matériel : mixeur/blender

Les Ingrédients

Pousses d'épinards .... 1 poignée
Poire Comice mûre à point 1
Citron .... ½
Lait d'amande .... 15 cl
Purée d'amandes blanches .... 1 cuil. à soupe
Miel .... 1 cuil. à café

La Recette

1. Lavez les feuilles d'épinards.

2. Épluchez la poire, ôtez le cœur et coupez la chair en morceaux. Déposez-la dans le bol du blender avec le jus du citron, les épinards, le lait d'amande, la purée d'amandes et le miel.

3. Mixez pendant 3 min jusqu'à ce que vous obteniez une préparation homogène.

Smoothie mûres, lait de riz et vanille

Pour : 1 grand verre • Préparation : 5 min
Matériel : mixeur/blender

Les Ingrédients

Mûres .... 125 g
Lait de riz .... 15 cl
Purée de noisettes
(en épicerie bio) .... 1 cuil. à soupe
Sirop d'érable .... 1 cuil. à café
Vanille en poudre .... 1 pincée

La Recette

1. Lavez les mûres et déposez-les dans le bol du blender avec la purée de noisettes, le sirop d'érable, la vanille en poudre et le lait de riz.

2. Mixez pendant 3 min jusqu'à ce que vous obteniez une préparation homogène.

Jus bonne mine

Pour : 1 grand verre • Préparation : 10 min
Matériel : centrifugeuse

Les Ingrédients

Carottes 3
Petite grappe de raisins blancs 1
Orange... 1
Citron.. ½
Urucum en poudre.......................... 1 cuil. à café

La Recette

1. Lavez les carottes en les brossant sous l'eau, coupez les extrémités. Rincez les raisins.

2. Pelez l'orange à vif et coupez-la en morceaux. Pressez le citron.

3. Passez la chair de l'orange, les carottes et les grains de raisin à la centrifugeuse. Mélangez avec le jus de citron et l'urucum, et dégustez aussitôt.

Jus vitamine C

Pour : 1 grand verre • Préparation : 10 min
Matériel : centrifugeuse

Les Ingrédients

Oranges 2
Kiwis.. 2
Feuilles de chou kale 4
Acérola en poudre .... 1 cuil. à café

La Recette

1. Épluchez les oranges et les kiwis, lavez les feuilles de kale.

2. Coupez le tout en morceaux et passez-les à la centrifugeuse. Mélangez le jus obtenu avec l'acérola en poudre et dégustez aussitôt.

Jus détox

Pour : 1 grand verre • Préparation : 10 min
Matériel : extracteur de jus (ou centrifugeuse)

Les Ingrédients

Fenouil... ½
Céleri .... 2 branches
Pomme verte... 1
Feuilles d'épinards............................. 1 poignée
Chlorelle.. 1 cuil. à café

La Recette

1. Lavez le fenouil, le céleri, la pomme verte et les épinards. Coupez la pomme en morceaux, ôtez le trognon.

2. Passez tous les fruits et légumes à l'extracteur de jus (ou à la centrifugeuse) puis mélangez le jus obtenu avec la chlorelle. Dégustez aussitôt.

Jus boost

Pour : 1 grand verre • Préparation : 10 minutes
Matériel : extracteur de jus (ou centrifugeuse)

Les Ingrédients

Pomme verte.. 1
Racine de gingembre .... 2 cm
Betterave crue....................................... 1
Citron... ½
Gelée royale.............................. ½ cuil. à café

La Recette

1. Lavez la pomme, le gingembre et la betterave. Coupez la pomme en morceaux, ôtez le trognon. Coupez la betterave en morceaux ainsi que le gingembre.

2. Passez-les à l'extracteur de jus (ou à la centrifugeuse) et mélangez-les avec le jus du citron et la gelée royale.

Power smoothie
à la klamath

Pour : 2 personnes • Préparation : 5 min
Matériel : mixeur/blender

Les Ingrédients

Banane 1
Citron 1
Klamath en poudre .... 1 cuil. à soupe
Dattes Medjool 2
Lait d'amande .... 20 cl
Myrtilles .... 125 g
Sirop d'agave .... 1 cuil. à café rase
Graines de chia .... 1 cuil. à café

La Recette

1. Épluchez la banane, coupez-la en morceaux et déposez-la dans le bol du blender avec le jus du citron, la klamath en poudre, les dattes dénoyautées et 12 cl du lait d'amande.

2. Mixez pendant 3 min et répartissez dans 2 verres. Rincez le bol du blender à l'eau claire.

3. Lavez les myrtilles et déposez-les dans le bol du blender, ajoutez le sirop d'agave, les graines de chia et le reste de lait d'amande. Mixez pendant 2 min et répartissez dans les 2 verres.

Chia pudding
mangue-aguaymanto

Pour : 1 personne • Préparation : 10 min

Les Ingrédients

Mangue..½
Yaourt au soja 1
Sirop de coco .... 1 cuil. à soupe
Crème de coco .... 2 cuil. à soupe
Graines de chia............................. 3 cuil. à soupe
Baies d'aguaymanto..................... 1 cuil. à soupe

La Recette

1. Mélangez le yaourt avec le sirop et la crème de coco. Ajoutez les graines de chia et mélangez de nouveau.

2. Épluchez la mangue, coupez la chair en morceaux. Gardez-en la moitié et mixez le reste avec les baies d'aguaymanto.

3. Répartissez la préparation aux graines de chia dans un bol ou un verre, ajoutez la purée de mangue puis les morceaux de mangue.

Porridge minute
aux myrtilles

Pour : 1 personne • Préparation : 5 min • Cuisson : 8 min

Les Ingrédients

Myrtilles fraîches .... 50 g
Petits flocons d'avoine .... 4 cuil. à soupe
Sirop d'agave .... 1 cuil. à soupe
Lait d'amande .... 20 cl
Myrtilles séchées
(en épicerie bio) .... 1 cuil. à soupe
Vanille...................................... ½ gousse grattée
ou ¼ de cuil. à café de vanille en poudre

La Recette

1. Lavez les myrtilles.

2. Mettez les flocons d'avoine, le sirop d'agave et le lait d'amande dans une petite casserole.

3. Portez à ébullition et faites cuire 8 min avec la moitié des myrtilles fraîches, les myrtilles séchées et la vanille.

4. Lorsque le porridge est prêt, versez-le dans un bol et parsemez de myrtilles fraîches et de quelques myrtilles séchées.

Bircher muesli

pomme-poire

Pour : 1 personne • Préparation : 10 min • Repos : 10 min

Les Ingrédients

Pomme	1
Poire	½
Citron jaune	1
Flocons d'avoine	4 cuil. à soupe
Crème d'amande	2 cuil. à soupe
Lait d'avoine	5 cl
Sirop d'érable	1 cuil. à soupe
Jus de pomme	5 cl
Abricots secs	2
Graines de courge	1 cuil. à café
Cranberries séchées	½ cuil. à soupe
Graines de grenade	2 cuil. à soupe
Noisettes	1 cuil. à soupe

La Recette

1. Pressez le citron et filtrez son jus. Mélangez les flocons d'avoine avec la crème d'amande, le lait d'avoine, le sirop d'érable et le jus de pomme. Laissez reposer 10 min.

2. Pendant ce temps, lavez la pomme et râpez-la. Arrosez-la de jus de citron. Lavez la poire et coupez-la en petits morceaux. Coupez les abricots en petits dés.

3. Ajoutez aux flocons d'avoine la pomme, les graines de courge, les cranberries, les abricots secs, les graines de grenade et les noisettes concassées. Mélangez et servez avec les morceaux de poire.

Good morning jar

Pour : 1 personne • Préparation : 5 min • Cuisson : 2 min

Les Ingrédients

Flocons d'avoine	2 cuil. à soupe
Compote de pêches	50 g
Amandes	1 cuil. à soupe
Pistaches	1 cuil. à café
Yaourt au soja	1
Sirop d'agave	1 cuil. à soupe
Abricot	1
Groseilles	1 grappe

La Recette

1. Faites griller les flocons d'avoine 2 min à la poêle. Laissez refroidir.

2. Mettez la compote de pêches dans un petit bocal. Hachez les amandes et les pistaches, et mélangez-les au yaourt avec le sirop d'agave. Mettez la préparation sur la compote.

3. Lavez l'abricot et les groseilles. Coupez l'abricot en petits morceaux et ajoutez-les dans le bocal avec les groseilles. Parsemez de flocons d'avoine et dégustez.

Salade de fruits
« boost » aux baies de goji

Pour : 1 personne • Préparation : 10 min • Repos : 2 min
Matériel : mixeur

Les Ingrédients

Fruits frais de saison .... 200 g
Avocat .... ½
Mangue .... ¼
Citron vert 1
Sucre de coco .... 1 cuil. à soupe
Baies de goji .... 1 cuil. à soupe
Cannelle .... 1 pincée

La Recette

1. Épluchez l'avocat et la mangue. Mixez-les ensemble avec la moitié du jus de citron vert.

2. Lavez, épluchez et coupez les plus gros fruits. Déposez-les dans un bol, arrosez-les avec le jus de citron restant, parsemez de sucre, les baies de goji et la pincée de cannelle. Mélangez et laissez reposer 2 min avant de déguster.

3. Dégustez le crémeux mangue-avocat avec les fruits frais.

Tartines à la purée d'amandes
et gelée de framboise express

Pour : 1 personne • Préparation : 5 min • Repos : 10 min
Matériel : mixeur

Les Ingrédients

Pain complet ou de campagne............. 2 tranches
Purée d'amandes................... 2 cuil. à soupe rase
Framboises.. 50 g
+ quelques-unes pour décorer
Graines de chia................................ 2 cuil. à café
Sirop d'agave.................................. 1 cuil. à café

La Recette

1. Lavez les framboises.

2. Mixez les 50 g de framboises avec les graines de chia et le sirop d'agave. Laissez reposer 10 min.

3. Faites griller les tranches de pain et tartinez-les de purée d'amandes. Ajoutez la gelée minute et quelques morceaux de framboises fraîches.

Yaourt grec, fraises, dattes, miel et noix de pécan

Pour : 1 personne • Préparation : 5 min
Matériel : mixeur

Les Ingrédients

Yaourt grec..100 g
Fraises (Gariguette, Mara des bois ou fraises des bois)........................150 g
Datte..1
Miel .... 1 cuil. à café rase
Noix de pécan .... 1 cuil. à soupe

La Recette

1. Dénoyautez la datte et mixez-la avec 1 cuil. à soupe de yaourt grec et le miel. Hachez les noix de pécan.

2. Lavez, équeutez et coupez les fraises en petits dés, puis mélangez-en la moitié avec le yaourt mixé et le yaourt nature dans un bol.

3. Parsemez avec les fraises restantes et les noix de pécan.

Yaourt grec, papaye, fruit de la Passion, mulberries, sirop de coco et noix de coco

Pour : 1 personne • Préparation : 5 min
Matériel : mixeur

Les Ingrédients

Yaourt grec..100 g
Sirop de coco .... 1 cuil. à café rase
Mulberries..1 cuil. à café
Papaye..150 g
Fruit de la Passion 1
Copeaux de noix de coco .... 1 cuil. à soupe

La Recette

1. Mixez 1 cuil. à soupe de yaourt grec avec le sirop de coco et les mulberries.

2. Épluchez et coupez la papaye en morceaux. Mélangez sa chair avec la pulpe du fruit de la Passion. Mélangez-en la moitié avec le yaourt mixé et le yaourt nature dans un bol.

3. Parsemez les morceaux restants et la noix de coco.

Boisson végétale
au lait d'avoine, cacao cru, sucre de coco, maca et cannelle

Pour : 1 personne • Préparation : 10 min
Matériel : blender

Les Ingrédients

- Flocons d'avoine ... 1 cuil. à soupe
- Noisettes ... 2 cuil. à soupe
- Eau filtrée ou minérale ... 18 cl
- Cacao cru ... 1 cuil. à soupe
- Sucre de coco ... 1 cuil. à soupe rase
- Maca en poudre ... ½ cuil. à café
- Cannelle ... 1 pincée
- Purée de noisettes ... 1 cuil. à soupe

La Recette

1. Déposez les flocons d'avoine et les noisettes concassées dans le bol du blender avec l'eau. Mixez pendant 5 min puis filtrez.

2. Délayez le cacao, le sucre de coco, la maca et la cannelle dans un peu de lait végétal obtenu précédemment. Versez le mélange, le reste de lait végétal et la purée de noisettes dans un blender et mixez pendant 2 min.

Avocado toast

Pour : 1 personne • Préparation : 5 min

Les Ingrédients

Pain (traditionnel ou sans gluten) .... 2 tranches
Avocat mûr à point 1
Citron jaune ....½
Graines germées.................................1 poignée
Huile d'olive...1 filet
Fleur de sel ....1 pincée
Piment ....1 pincée

La Recette

1. Faites dorer les tranches de pain 2 min (au four ou au gril).

2. Épluchez l'avocat et coupez-le en tranches. Arrosez-le de jus de citron.

3. Déposez les tranches d'avocat sur le pain grillé, arrosez d'huile d'olive, parsemez de graines germées, de fleur de sel et de piment.

Variantes

- Ajoutez 1 cuil. à soupe de *cottage cheese* ou de purée de graines de tournesol sur le pain et quelques graines de grenade ;
- Parsemez le toast de graines germées de tournesol ou autre ;
- Mélangez l'avocat écrasé avec ¼ d'oignon rouge émincé finement et 1 cuil. à café de miel ;
- Ajoutez les quartiers d'½ orange et mélangez-les avec l'avocat et 1 cuil. à café d'herbes fraîches ciselées.

Açaï bowl

Pour : 1 personne • Préparation : 10 min • Congélation : 1 nuit
Matériel : mixeur

Les Ingrédients

Banane 1
Myrtilles .... 1 cuil. à soupe
Fraises .... 50 g
+ 3 pour la décoration
Açaï en poudre .... 1 cuil. à soupe bombée
ou 50 g d'açaï en purée (en épicerie bio)
Purée d'amandes blanches .... 1 cuil. à soupe
Lait d'amande .... 1 cuil. à soupe
Graines de grenade .... 1 cuil. à soupe
Baies de goji .... 1 cuil. à café
Graines de chanvre concassées .... 1 cuil. à café

La Recette

1. La veille, épluchez la banane, coupez-la et placez-la au congélateur.

2. Le jour même, lavez les myrtilles.

3. Lavez, équeutez et coupez les 50 g de fraises. Déposez-les dans le bol du mixeur avec la banane surgelée, la poudre d'açaï (ou la purée d'açaï), la purée d'amandes et le lait d'amande. Mixez jusqu'à ce que vous obteniez un mélange homogène.

4. Versez dans un bol et ajoutez les fraises, les myrtilles, la grenade, les baies de goji et les graines de chanvre. Dégustez aussitôt.

Green smoothie bowl

Pour : 1 personne • Préparation : 15 min • Congélation : 1 nuit
Matériel : mixeur

Les Ingrédients

Banane 1
Avocat 1
Jeunes pousses d'épinards .... 1 poignée
Citron vert .... ½
Purée de noix de cajou .... 1 cuil. à soupe
Lait de riz .... 10 cl
Kiwi 1
Graines de courge .... 1 cuil. à café
Pollen .... 1 cuil. à café
Graines de chia .... 1 cuil. à café
Noix de coco fraîche .... 1 cuil. à soupe

La Recette

1. La veille, épluchez la banane, coupez-la et placez-la au congélateur.

2. Le jour même, épluchez l'avocat et coupez la chair en morceaux, rincez les pousses d'épinards.

3. Placez la banane, l'avocat, les pousses d'épinards, le jus de citron vert, la purée de noix de cajou et le lait de riz dans le bol du mixeur. Mixez la préparation jusqu'à ce qu'elle soit homogène.

4. Épluchez le kiwi et coupez-le en dés. Servez la préparation à la banane dans un bol et parsemez de graines de courge, de pollen, des graines de chia, de kiwi et de noix de coco fraîche.

Power bowl
quinoa et chia aux framboises et à l'abricot

Pour : 1 personne • Préparation : 10 min • Cuisson : 20 min
Matériel : mixeur

Les Ingrédients

Quinoa	50 g
Lait végétal à la noix de coco	24 cl
Vanille	½ gousse
Sucre de coco	1 cuil. à soupe
Graines de chia	1 cuil. à soupe
Framboises	70 g
Sirop de coco	1,5 cuil. à soupe
Acérola en poudre	1 cuil. à café rase
Lait de coco	1 cuil. à soupe
Abricot mûr	½
Citron	½
Copeaux de noix de coco	1 cuil. à soupe

Conseil

Vous pourrez trouver le lait végétal à la noix de coco et le sirop de coco dans votre magasin bio.

La Recette

1. Rincez bien le quinoa sous l'eau et déposez-le dans une casserole avec le lait végétal, la gousse de vanille ouverte et le sucre de coco. Portez à ébullition et faites cuire à feu doux pendant 15 à 20 min. Ajoutez les graines de chia 2 min avant la fin de la cuisson.

2. Pendant ce temps, rincez les framboises, mixez-en la moitié avec ½ cuil. à soupe de sirop de coco et l'acérola.

3. Lorsque le quinoa est cuit, ajoutez-y le lait de coco et le reste de sirop de coco. Mélangez la moitié du quinoa avec la moitié des framboises mixées.

4. Répartissez le quinoa à la framboise dans un grand bol, ajoutez le quinoa nature et le coulis de framboises restant.

5. Au dernier moment, rincez et mixez l'abricot dénoyauté avec le jus du ½ citron, et versez-le sur le bol. Parsemez de framboises, de copeaux de noix de coco et dégustez aussitôt.

Pancakes à l'açaï, aux myrtilles et aux cranberries

Pour : une quinzaine de pancakes • Préparation : 15 min • Repos : 1 h • Cuisson : 3 min

Les Ingrédients

Farine .... 150 g
Poudre d'amandes .... 25 g
Levure chimique .... 2 cuil. à café rase
Sucre de canne complet .... 3 cuil. à soupe
Açaï en poudre .... 1 cuil. à soupe
Sel .... 1 pincée
Lait ribot .... 25 cl
Œufs 3
Huile de coco .... 3 cuil. à soupe
Myrtilles .... 100 g
Cranberries .... 2 cuil. à soupe

Astuce

Choisissez des myrtilles de petite taille pour cuire les pancakes plus facilement.

La Recette

1. Mélangez la farine, la poudre d'amandes, la levure, le sucre, l'açaï et le sel dans un grand bol.
2. Mélangez le lait ribot avec les œufs. Versez sur les ingrédients secs et mélangez rapidement pour éviter de former des grumeaux.
3. Ajoutez l'huile, les myrtilles et les cranberries hachées et mélangez. Couvrez le récipient et laissez reposer au frais pour au moins 1 h.
4. Faites chauffer une poêle anti-adhésive à feu moyen, beurrez-la légèrement avec une feuille de papier absorbant. Lorsqu'elle est bien chaude, mélangez la pâte et versez-en une première louche en formant un pancake d'environ 8 cm de diamètre. Faites cuire 2 min et retournez pour faire dorer l'autre face. Poursuivez ainsi jusqu'à l'épuisement de la pâte.
5. Servez avec des fruits frais ou du sirop d'érable.

Granola
à la compote de pommes

Pour : environ 650 g de granola • Préparation : 15 min • Cuisson : 25 min

Les Ingrédients

Riz soufflé	30 g
Sirop d'agave	80 g
Huile de coco	40 g
Amandes	50 g
Gros flocons d'avoine	150 g
Petits flocons d'avoine	70 g
Sucre de coco	30 g
Graines de courge	50 g
Graines de tournesol	30 g
Noix de cajou	40 g
Compote de pommes	100 g
Chocolat noir	50 g
Cranberries séchées	50 g
Sel	1 pincée

La Recette

1. Mixez grossièrement le riz soufflé. Préchauffez le four à 170 °C (th. 5-6).

2. Versez le sirop d'agave et l'huile de coco dans une petite casserole et faites chauffer doucement.

3. Concassez les amandes et mélangez-les avec les flocons d'avoine (gros et petits), le riz soufflé, le sucre de coco, les graines, les noix de cajou, la compote de pommes et la pincée de sel.

4. Versez sur le mélange le sirop d'agave et l'huile de coco chauffés, mélangez bien et étalez sur une plaque allant au four, puis enfournez pour 15 min. Baissez ensuite le four à 150 °C (th. 5) et poursuivez la cuisson pendant 10 min en mélangeant la préparation. Mélangez à nouveau en milieu de cuisson.

5. Laissez refroidir complètement et ajoutez le chocolat concassé en petits morceaux et les cranberries. Conservez dans un bocal hermétique.

Muesli aux fruits

Pour : environ 350 g de muesli • Préparation : 5 min

Les Ingrédients

Flocons d'avoine	100 g
Flocons de quinoa	50 g
Poudre de vanille (optionnel)	½ cuil. à café
Amandes	60 g
Noix de pécan	30 g
Cranberries	50 g
Pistaches	30 g
Copeaux de noix de coco	30 g
Baies de goji	40 g
Fraises déshydratées	10 g
Framboises déshydratées	10 g

La Recette

1. Mélangez les flocons d'avoine et de quinoa ; ajoutez la poudre de vanille et mélangez à nouveau.

2. Concassez les amandes, les noix de pécan et ajoutez-les au muesli ainsi que les cranberries, les pistaches, les copeaux de noix de coco, les baies de goji, les fraises et les framboises.

3. Dégustez ce muesli cru avec du fromage blanc, du yaourt au soja ou du lait (animal ou végétal), ou cuit quelques minutes à la casserole dans du lait ou trempé toute une nuit dans du lait.

Conseil

Vous trouverez les fraises et framboises séchées dans votre magasin bio.

Compote de poires à l'açaï

Préparation : 5 min • Cuisson : 20 min
Matériel : mixeur

Les Ingrédients

Poires..2
Pomme 1
Eau .... 5 cl
Açaï ....1 cuil. à café

La Recette

1. Épluchez les fruits, ôtez le cœur et coupez-les en morceaux.

2. Placez-les dans une casserole avec l'eau et laissez compoter à feu doux pendant environ 20 min.

3. Mixez ensuite les fruits avec l'açaï pendant 2 min. Laissez refroidir complètement et conservez au réfrigérateur dans un récipient hermétique.

Compote de mangue à l'acérola

Préparation : 5 min • Cuisson : 20 min
Matériel : mixeur

Les Ingrédients

Mangue...1
Pomme 1
Eau .... 5 cl
Acérola.......................................1 cuil. à café

La Recette

1. Épluchez la mangue et coupez la chair en morceaux. Épluchez la pomme, ôtez le trognon et coupez-la en morceaux.

2. Placez les fruits dans une casserole avec l'eau et laissez compoter à feu doux pendant environ 20 min.

3. Mixez ensuite les fruits avec l'acérola pendant 2 min. Laissez refroidir complètement et conservez au réfrigérateur dans un récipient hermétique.

Barres d'énergie crues

Pour : environ 15 boules ou 6 barres • Préparation : 15 min
Matériel : mixeur

Les Ingrédients

Abricots moelleux..6
Dattes dénoyautées 6
Amandes...30 g
Noix de coco râpée.....................................50 g
Citron jaune non traité ou bio............................1
Raisins secs blonds .... 1 cuil. à soupe
Baies de goji................................ 1 cuil. à soupe
Graines de sésame........................ 1 cuil. à soupe
Flocons d'avoine........................... 2 cuil. à soupe
Graines de chia............................. 1 cuil. à soupe
Sel .... 1 pincée

Conseil

Vous pouvez conserver vos barres d'énergie jusqu'à deux semaines au frais, dans une boîte hermétique.

La Recette

1. Lavez le citron et prélevez le zeste.
2. Mettez tous les ingrédients ensemble dans le bol d'un mixeur et mixez jusqu'à ce que vous obteniez une pâte.
3. Étalez la pâte entre deux feuilles de papier sulfurisé en un carré puis coupez-les en barres ou roulez-les en boules. Conservez au frais dans une boîte hermétique.

Banana bread
chocolat-sésame

Pour : 1 cake • Préparation : 15 min • Cuisson : 50 min
Matériel : mixeur

Les Ingrédients

Œufs 4
Sucre de coco .... 120 g
Sésame blanc .... 40 g
Poudre d'amandes .... 80 g
Farine .... 240 g
Levure .... 1 cuil. à café rase
Bicarbonate de soude .... 1 cuil. à café rase
Huile de coco .... 80 g
Extrait de vanille .... 1 cuil. à café
Lait de coco .... 15 cl
Chocolat noir .... 100 g
Bananes bien mûres 3
Quelques graines de sésame pour la décoration

La Recette

1. Préchauffez le four à 170 °C (th. 5-6). Fouettez les œufs avec le sucre de coco jusqu'à ce que le mélange mousse.

2. Mixez le sésame avec la poudre d'amandes et mélangez-les à la farine, à la levure et au bicarbonate de soude.

3. Ajoutez le tout au mélange précédent, mélangez bien puis versez l'huile de coco préalablement fondue, l'extrait de vanille et le lait de coco ; mélangez bien jusqu'à ce que vous obteniez une texture homogène.

4. Concassez le chocolat, écrasez les bananes bien mûres en purée et ajoutez-les à la pâte avec le chocolat. Versez l'appareil dans un grand moule à cake (ou à pain) beurré et recouvert d'une feuille de papier sulfurisé, lissez la surface, parsemez de sésame et enfournez pour 50 min. Vérifiez que le cœur du gâteau est bien cuit en enfonçant la pointe d'un couteau : elle doit ressortir sèche.

5. Sortez du four et laissez refroidir complètement avant de déguster. Conservez le cake au frais, enveloppé dans du film alimentaire.

Muffins
à la patate douce et aux graines

Pour : 6 ou 8 muffins selon la taille • Préparation : 20 min • Cuisson : 20 min
Matériel : caisseuses, moules à muffins

Les Ingrédients

Patate douce cuite à la vapeur .... 220 g
Œufs 3
Sucre de canne complet .... 90 g
Poudre de noisettes .... 90 g
Farine .... 180 g
Levure .... 1 cuil. à café rase
Bicarbonate de soude............... 1 cuil. à café rase
Huile de noisette.................................... 60 g
Extrait de vanille .... 1 cuil. à café
Lait de noisette....................................... 12 cl
Graines de pavot .... 1 cuil. à soupe
Graines de courge........................... 1 cuil. à soupe
Graines mélangées .... 1 cuil. à soupe

La Recette

1. Préchauffez le four à 180 °C (th. 6). Fouettez les œufs avec le sucre jusqu'à ce que le mélange mousse.

2. Mélangez la poudre de noisettes à la farine, à la levure et au bicarbonate de soude. Ajoutez au mélange précédent, mélangez bien puis versez l'huile de noisette, l'extrait de vanille et le lait de noisette. Mélangez bien jusqu'à ce que vous obteniez une texture homogène.

3. Écrasez la patate douce en purée et ajoutez le tout à la pâte avec les graines. Versez l'appareil dans des moules à muffins recouverts de caissettes en papier, parsemez de graines et enfournez pour 20 min.

4. Sortez du four et laissez complètement refroidir avant de déguster. Conservez les muffins au frais.

Gaufres au sucre de coco, citron et framboise

Pour : 4 ou 6 gaufres • Préparation : 15 min • Cuisson : 10 min • Repos : 2 h
Matériel : gaufrier

Les Ingrédients

Lait de soja	14 cl
Citron non traité	1
Farine	110 g
Levure chimique	½ sachet
Sel	1 pincée
Sucre de coco	30 g
Œufs	2
Extrait de vanille	1 cuil. à café
Huile de coco	25 g
Framboises déshydratées	10 g

Conseil

Vous trouverez les framboises séchées dans votre magasin bio.

La Recette

1. Faites bouillir le lait avec le zeste du citron. Tamisez la farine avec la levure, le sel et le sucre dans un bol.

2. Mélangez les jaunes d'œufs avec le lait tiédi et l'extrait de vanille. Versez petit à petit sur la farine en fouettant.

3. Ajoutez l'huile de coco fondue, mélangez puis montez les blancs d'œufs en neige avant de les intégrer délicatement à la préparation en plusieurs fois. Laissez reposer 2 h au frais, ajoutez les framboises et faites cuire dans un gaufrier bien chaud.

Riz complet,
œuf poché et légumes verts

Pour : 1 personne • Préparation : 25 min • Cuisson : 17 min

Les Ingrédients

Riz complet .... 50 g
Petits pois écossés .... 1 poignée
Vinaigre blanc .... 1 cuil. à soupe
Œuf extra frais 1
Jeunes pousses d'épinards .... 1 poignée
Mini-courgettes 2
Purée de graines de tournesol .... 1 cuil. à café
Vinaigre de cidre .... 1 cuil. à café
Moutarde à l'ancienne .... 1 cuil. à café
Huile d'olive .... 2 cuil. à soupe
Avocat .... ½
Citron vert .... ½
Cerfeuil .... 2 brins
Graines germées d'alfalfa .... 1 poignée
Graines mélangées .... 1 cuil. à café
Sel, poivre

La Recette

1. Faites cuire le riz pendant 12 min (selon les indications de cuisson sur le paquet) et faites cuire les petits pois dans une casserole d'eau bouillante pendant 5 min. Égouttez-les séparément.

2. Remplissez une casserole d'eau et faites bouillir avec le vinaigre blanc. Formez un tourbillon au centre de la casserole et plongez l'œuf dedans ; à l'aide de deux cuillères à soupe, pincez le blanc d'œuf pour refermer l'œuf poché.

3. Lavez les épinards et essorez-les. Lavez les courgettes et émincez-les avec un économe.

4. Préparez la vinaigrette en mélangeant la purée de graines avec le vinaigre de cidre, la moutarde et l'huile d'olive. Salez et poivrez.

5. Coupez l'avocat en lamelles et arrosez-le de jus de citron. Mélangez les petits pois, les épinards, les courgettes émincées, l'avocat et la vinaigrette.

6. Servez le riz mélangé avec le cerfeuil, l'œuf poché, les légumes et les graines d'alfalfa. Parsemez de graines.

Huevos rancheros

Pour : 1 personne • Préparation : 20 min • Cuisson : 10 min

Les Ingrédients

Œuf extra-frais 1
Tomates 2
Gousse d'ail 1
Sucre de coco .... 1 cuil. à café
Vinaigre balsamique blanc .... 1 cuil. à soupe
Piment .... 1 pincée
Pois chiches cuits .... 2 cuil. à soupe
Tortilla 1
Graines germées .... 1 poignée
Huile d'olive .... 2 cuil. à soupe
Sel, poivre

Pour le guacamole

Petite échalote 1
Avocat .... ½
Citron vert .... ½
Coriandre .... 2 brins
Quelques gouttes de piment

La Recette

1. Lavez les tomates et coupez-les en morceaux.
2. Faites chauffer 2 cuil. à soupe d'huile d'olive dans une poêle, ajoutez les tomates et l'ail écrasé. Faites revenir à feu vif pendant 5 min puis ajoutez le sucre de coco, le vinaigre balsamique et le piment. Mélangez bien, assaisonnez et ajoutez les pois chiches.
3. Épluchez l'échalote et hachez-la. Coupez la chair de l'avocat en morceaux, mélangez-la avec l'échalote, le jus de citron et la coriandre hachée. Salez, poivrez et assaisonnez avec le piment.
4. Faites chauffer le reste d'huile d'olive dans une poêle et faites cuire l'œuf au plat.
5. Réchauffez la tortilla dans une poêle, déposez par-dessus l'œuf au plat, le guacamole, les tomates concassées aux pois chiches et les graines germées.

Omelette aux tomates cerise,

salade de concombre et feta à la menthe

Pour : 1 personne • Préparation : 10 min • Cuisson : 8 min

Les Ingrédients

Œufs extra-frais 2
Tomates cerise .... 100 g
Petit concombre .... ½
Feta .... 50 g
Menthe .... 2 brins
Herbes grecques séchées .... ½ cuil. à café
Huile d'olive .... 3 cuil. à soupe
Sel, poivre

La Recette

1. Lavez les tomates et coupez-les en deux. Faites chauffer 2 cuil. à soupe d'huile d'olive dans une petite poêle et faites revenir les tomates cerise pendant 3 min. Salez et poivrez.

2. Pendant ce temps, fouettez les œufs ensemble et versez-les dans la poêle ; laissez cuire 3 min à découvert, parsemez d'herbes grecques et poursuivez la cuisson 2 min à couvert.

3. Lavez le concombre et coupez-le en petits morceaux ainsi que la feta. Mélangez-les avec le reste d'huile d'olive, les herbes grecques et la menthe ciselée. Salez légèrement et poivrez. Servez avec l'omelette aux tomates.

Œufs brouillés
à la ricotta et champignons sautés

Pour : 1 personne • Préparation : 20 min • Cuisson : 6 min

Les Ingrédients

Œufs extra-frais 2
Ricotta .... 1 cuil. à soupe
Champignons frais
(à choisir selon la saison) .... 200 g
Champignons de Paris 2
Citron jaune bio ou non traité .... ½
Gousse d'ail 1
Persil .... 3 brins
Huile d'olive .... 3 cuil. à soupe
Graines germées .... 1 cuil. à soupe
Pain grillé .... 2 tranches
Sel, poivre

La Recette

1. Lavez le citron et prélevez le zeste. Nettoyez les champignons et coupez-les en morceaux. Réservez 2 champignons de Paris et émincez-les crus. Arrosez-les de jus de citron.

2. Épluchez et écrasez la gousse d'ail. Nettoyez le persil et hachez-le.

3. Fouettez les œufs avec la ricotta et le zeste de citron. Salez, poivrez et ajoutez le persil.

4. Faites chauffer une petite poêle avec 1,5 cuil. à soupe d'huile d'olive et faites revenir l'ail avec les champignons pendant 5 min.

5. Dans une petite casserole, faites chauffer le reste d'huile et versez-y les œufs brouillés, faites cuire 30 s sans cesser de mélanger. Servez avec les champignons sautés, les graines germées et 2 tranches de pain grillé.

Retrouvez les autres titres de la collection

Les
– PETITES RECETTES –
hachette

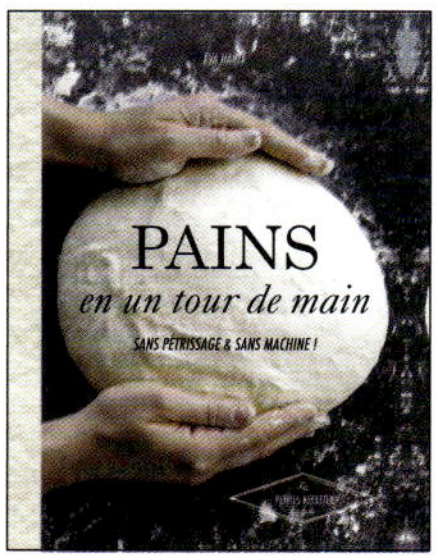

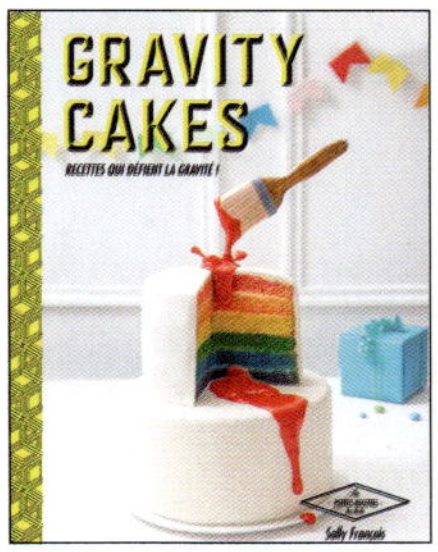

Retrouvez-nous sur Facebook :
facebook.com/hachettecuisine

Mesures et équivalences

Mémo pour mesurer les ingrédients sans balance

Ingrédients	1 cuil. à café	1 cuil. à soupe	1 verre à moutarde
Beurre	7 g	20 g	-
Cacao en poudre	5 g	10 g	90 g
Crème épaisse	1,5 cl	4 cl	20 cl
Crème liquide	0,7 cl	2 cl	20 cl
Farine	3 g	10 g	100 g
Gruyère râpé	4 g	12 g	65 g
Liquides divers (eau, huile, vinaigre, alcools)	0,7 cl	2 cl	20 cl
Maïzena®	3 g	10 g	100 g
Poudre d'amandes	6 g	15 g	75 g
Raisins secs	8 g	30 g	110 g
Riz	7 g	20 g	150 g
Sel	5 g	15 g	-
Semoule, couscous	5 g	15 g	150 g
Sucre en poudre	5 g	15 g	150 g
Sucre glace	3 g	10 g	110 g

Pense-bête pour mesurer les liquides

1 verre à liqueur = 3 cl

1 tasse à café = 8 à 10 cl

1 verre à moutarde = 20 cl

1 mug = 30 cl

1 bol = 35 cl

Bon à savoir

1 œuf = 50 g

1 noisette de beurre = 5 g

1 noix de beurre = 15 à 20 g

Bien régler son four

Température (°C)	Thermostat
30	1
60	2
90	3
120	4
150	5
180	6
210	7
240	8
270	9

Pour l'éditeur, le principe est d'utiliser des papiers composés de fibres naturelles, renouvelables, recyclables et fabriqués à partir de bois issus de forêts qui adoptent un système d'aménagement durable. En outre, l'éditeur attend de ses fournisseurs de papier qu'ils s'inscrivent dans une demarche de certification environnementale reconnue.

Direction : Catherine Saunier-Talec
Responsable éditoriale : Céline Le Lamer
Responsable artistique : Antoine Béon
Responsable de projet : Juliette Spiteri
Réalisation de la couverture : Nicole Dassonville
Conception intérieure et couverture : Studio-Allez
Réalisation intérieure : Nord Compo
Correction : Claire Fontanieu
Fabrication : Amélie Latsch
Responsable partenariats : Sophie Morier (smorier@hachette-livre.fr)

PAPIER À BASE DE FIBRES CERTIFIÉES

hachette s'engage pour l'environnement en réduisant l'empreinte carbone de ses livres. Celle de cet exemplaire est de :
500 g éq. CO_2
Rendez-vous sur www.hachette-durable.fr

Dépôt légal : juin 2016
66-7450-8
ISBN : 978-2-01-135635-2
Imprimé en Espagne par Cayfosa